VILLE DE VERSAILLES

111ᴱ ANNIVERSAIRE

DE

LA NAISSANCE DE HOCHE

24 JUIN 1879

Prix : 30 centimes

VERSAILLES

IMPRIMERIE CERF ET FILS

59, RUE DUPLESSIS, 59

1879

111ᵉ ANNIVERSAIRE

DE

LA NAISSANCE DE HOCHE

(24 JUIN 1879)

VILLE DE VERSAILLES

111ᵉ ANNIVERSAIRE

DE

LA NAISSANCE DE HOCHE

24 JUIN 1879

Prix : 30 centimes

VERSAILLES

IMPRIMERIE CERF ET FILS

59, RUE DUPLESSIS, 59

1879

TABLE DES MATIÈRES

111ᵉ ANNIVERSAIRE

DE

LA NAISSANCE DE HOCHE

Fidèle à une vieille et chère tradition, la ville de Versailles a célébré avec éclat, cette année, l'anniversaire de la naissance du plus illustre de ses enfants.

La dixième des fêtes organisées en l'honneur de cette glorieuse et pure mémoire, n'a pas démérité de ses aînées. La journée du 24 juin 1879 a été splendide. Des hommes de talent et de cœur ont, ce jour-là, fait revivre d'une façon saisissante la grande époque et le grand citoyen qui en fut l'honneur.

Un journal de Versailles, le *Libéral*, écrivait, le lendemain de la fête anniversaire, ces lignes : « tous ceux qu'animent l'ardent amour de la liberté, l'inébranlable foi dans les destinées de la patrie, qui savent rendre un juste hommage aux grands hommes disparus qui ont fondé l'ère nouvelle, auront éprouvé, comme nous, un sentiment de bonheur et d'orgeuil, en voyant avec quelle unanimité d'enthousiasme on a fêté, mardi, le jeune héros de la première République. »

L'histoire, qni est la leçon des peuples, ne s'enseigne pas seulement par les livres ; elle s'apprend aussi dans ces fêtes commémoratives du patriotisme et des vertus civiques, qui, comme les fêtes de Hoche, laissent après elles, dans tous les cœurs, un fortifiant souvenir.

Les hommes d'aujourd'hui tendent ainsi la main à travers un siècle éprouvé par de durés leçons, par des réactions sans nombre, par des tristesses dont le souvenir n'est pas effacé, aux hommes d'autrefois qui, au prix de leur vie, ont défendu notre liberté et notre indépendance, et jeté les bases d'un meilleur avenir.

Parmi ces fondateurs héroïques, Lazare Hoche est un de ceux qui ont laissé dans l'histoire le nom le plus pur, la renommée la plus intacte : il est de ceux auxquels la sympathie populaire s'est toujours attachée, parce qu'il a mérité ce suprême éloge de la postérité, le plus rare et le plus enviable de tous : « Sa gloire croissante n'eût jamais rien coûté à sa patrie. »

On a beaucoup écrit sur Hoche : on n'écrira jamais trop : les organisateurs des fêtes commémoratives de 1879 ont pensé qu'il n'était pas inutile de rendre plus durable le souvenir des excellentes paroles qui ont été dites le 24 juin dernier.

C'est ce qui a donné naissance à ce petit livre populaire, modeste, mais juste hommage rendu à l'homme à jamais illustre, qui fut à la fois un citoyen et un patriote.

LA CONFÉRENCE AU THÉÂTRE

Dès une heure et demie, la salle du théâtre était envahie par la foule. La fanfare Fleury occupait l'orchestre. Sur la scène, un trophée de drapeaux tricolores. Peu à peu les commissaires, la boutonnière ornée d'une rosette tricolore, ayant fait placer tout le monde, le silence se rétablit, et après une ouverture jouée par la fanfare, le bureau, composé de M. Journault, président; Hippolyte Maze et Albert Joly, fait son entrée, suivi de MM. Jeandel, Lefebvre, Debains, conseillers municipaux, et des membres organisateurs.

L'honorable et vénéré M. Senard, vice-président de la Chambre, devait présider cette cérémonie. Au dernier moment, une extinction de voix, passagère heureusement, l'a obligé à céder la place à M. Journault. M. Senard était allé, un des premiers, prendre sa place dans une loge.

Au milieu d'un grand silence, interrompu par des fréquents et chaleureux applaudissements, M. Journault a ouvert la séance en prononçant une remarquable allocution, charmante, spirituelle et touchante tout à la fois. Parler des femmes françaises, de leur grand rôle dans la société moderne, et parler surtout comme a su le faire l'excellent M. Journault, c'était conquérir une sympathie qui est allée en croissant. Aussi, nous faisons-nous un devoir et un plaisir de reproduire ici, d'après la sténographie, le discours de l'honorable député.

DISCOURS DE M. JOURNAULT

Mesdames, Messieurs,

Le grand patriote dont le souvenir nous réunit aujourd'hui dans cette enceinte avait pour devise ces trois mots qui vous sont bien connus : *res, non verba*, pas de paroles, des actes. Vous savez comment il justifiait cette devise ; vous savez quels noms ces actes portent dans les annales de notre histoire. Dunkerque, Wissembourg, Landau, Quiberon, Neuwied, Altenkirchen ; noms merveilleux, desquels il est permis de dire, avec plus de vérité que du fameux sonnet vanté par Boileau, que chacun de ces noms vaut seul un long poème.

Celui qui devait présider cette solennité était bien l'homme désigné pour ce rôle. Il a été, que dis-je ? il est encore un homme d'action dans toute la force du terme, et alors même que ses goûts, ses études, ses habitudes semblaient l'attacher plus étroitement à la vie austère et recueillie du cabinet, il n'a jamais cessé de se tenir prêt à l'appel des événements, et d'apporter à l'action publique le concours de son caractère aussi résolu que réfléchi.

A son début dans la grande vie politique, il se voit lancé à travers les ardentes péripéties d'une lutte terrible qui ensanglante les rues de Paris ; il fait face à l'orage, sans fléchir sous le poids de la haute dignité dont l'a revêtu la confiance de ses collègues, et il sort de cette rude épreuve avec cet éclatant témoignage que lui décerne l'Assemblée nationale : elle proclame qu'il a bien mérité de la patrie.

L'attentat de décembre et le régime impérial le rendent au barreau dont il est une des gloires, car il sait parler comme il sait agir; il sort néanmoins de sa retraite volontaire pour signaler aux sarcasmes du public les innovations fantaisistes de l'arithmétique impériale qui, dans un procès célèbre, invente pour les besoins de la cause l'équation légendaire : $21 = 13$.

Quelques années plus tard, la République, appelée au douloureux honneur de défendre la patrie contre l'invasion étrangère, le trouve debout et prêt; il s'agit de grouper autour de la France ce qui peut palpiter en Europe des vieilles sympathies exténuées par l'empire; deux hommes se dévouent à cette tâche ingrate, où les illusions ne mènent qu'aux déconvenues: l'un de ces deux hommes est entré récemment dans la postérité comme dans une apothéose, et c'était un grand spectacle de les voir tous deux, vieillards par l'âge, jeunes par le dévouement, l'énergie et le patriotisme, parcourir l'Europe en lui demandant pour la France l'aumône d'une armée, que la France n'eût certes pas refusée si, dans ses jours de prospérité, des voisins malheureux lui eussent fait la même demande.

Nous le retrouvons encore au lendemain du jour où le caprice d'un pouvoir affolé vient de dissoudre brutalement la représentation nationale. Dans ce département de Seine-et-Oise si dévoué aux institutions républicaines, la réaction s'était emparée d'un collège électoral qu'il fallait reconquérir; pour cette besogne difficile, il fallait un homme jeune, actif, vigoureux, et, naturellement, c'est à lui qu'on pense ! Pour lutter, dans une circonscription douteuse, contre ce qu'on appelait alors un préfet à poigne, il fallait un candidat à poigne : allons ! Senard, debout, nous avons besoin de toi ! Il était alors brisé par une grande douleur, par une de ces douleurs que l'on n'apprécie bien que quand on les a subies soi-même, il était assis tristement près de son foyer désert ; mais il y a de ces appels auxquels il n'a jamais résisté, et quelques jours après, il siégeait dans la nouvelle Chambre qui s'est honorée elle-même en l'appelant à l'honneur d'être un de ses officiers.

N'est-ce pas, Mesdames et Messieurs, que nous n'avons pas besoin de remonter aux origines de la République pour trouver parmi nous de grandes et belles existences, des carrières glorieusement parcourues ? Senard est un de ces hommes dont la vie est bonne à raconter, et c'est là ce qui m'excuse de me trouver ici à cette place qui devait être la sienne. La vie de Senard, jamais Senard ne vous l'eût racontée lui-même, ou, pour la première fois peut-être il eût manqué d'éloquence. Je dois l'avouer, en effet, il y a un point sur lequel Senard n'a pas entièrement réalisé l'idéal de Hoche : pas de paroles ; sa parole a souvent retenti, soit au barreau, soit à la tribune, mais cette parole même a toujours été un acte. Ce n'est pas à lui que s'applique le mot de Hoche. Ce que Hoche repousse et s'interdit à lui-même, c'est la parole inutile, la phrase pour la phrase : c'est le caquetage importun des majorités royalistes du Directoire qui l'agacèrent à ce point de troubler un instant sa vision si nette du devoir. Hoche parlait peu, mais il parlait fort bien ; il avait surtout l'éloquence du champ de bataille, le mot incisif, l'à-propos, le coup de fouet qui siffle plus haut que la mitraille. On peut dire de Senard, dont la vie tout entière a été un combat, qu'il a toujours eu, lui aussi, l'éloquence du champ de bataille.

Mesdames et Messieurs, mon rôle est ici singulièrement difficile. Je remplace Senard et je retarde Maze, c'est-à-dire que d'une part je trompe votre attente et que de l'autre je vous fais attendre. Il me faut compter sur toute votre bienveillance pour vous demander encore quelques minutes d'attention.

Notre ami Maze, que je n'ai pas besoin de vous présenter, et qui, d'ailleurs, saura bien se présenter lui-même, va tout à l'heure vous retracer à grands traits la vie du général Hoche et mettre en lumière les grands enseignements qui s'en dégagent. Je ne le suivrai pas, ou plutôt je ne le précéderai pas sur ce terrain où il ne tarderait pas à me rejoindre et même à me distancer. J'essaierai de vous parler de Hoche en le prenant par un autre côté, non un côté plus petit (le mot ne traduirait pas ma pensée) mais un côté plus intime. Ou plutôt, sans laisser Hoche à l'écart, je ne me préoccuperai de lui que dans un autre lui-même ; c'est de Madame la générale Hoche que je me propose de vous entretenir.

Les femmes des hommes politiques offrent à l'étude un intérêt saisissant. On aime à voir la délicatesse féminine associée aux natures énergiques, on aime à la voir à l'œuvre, à peser sa part d'influence dans les décisions du chef de la communauté.

Derrière Camille Desmoulins, on cherche la figure touchante et passionnée de Lucile ; derrière Lebas on cherche Mademoiselle Duplay, et l'on pénètre volontiers par elle dans cet intérieur modeste et laborieux du menuisier qui eût pour hôtes et pour amis les plus célèbres tribuns de l'époque. Je ne vous parle pas de Madame Roland, quelqu'estime que j'aie pour la ferveur et la loyauté de ses opinions républicaines ; elle n'a jamais été mon idéal, elle avait à mon gré trop interverti les rôles. Je ne crois pas que Roland ait jamais. porté la barbe, laquelle n'était guère de mode au siècle dernier, mais assurément ce n'est pas de son côté qu'était la toute-puissance.

Veuillez, d'ailleurs, le remarquer, Mesdames, car c'est particulièrement à vous que je m'adresse : ce que je blâme en Madame Roland, ce n'est pas d'avoir été une femme politique, loin de là ; c'est tout au plus d'avoir forcé la note. Femme politique, elle devait l'être, étant la femme d'un homme politique, et c'est par la même raison que vous devez toutes, vous aussi, être des femmes politiques. Ne vous récriez pas, je vous en supplie, sur cette qualification, et ne me prêtez pas des idées qui ne sont pas les miennes. Je ne vous demande pas d'être des tricoteuses : vous y perdriez trop, et nous aussi ; je vous demande de n'être pas des indifférentes. La femme, dit le code, doit suivre son mari. Je vous demande de le suivre jusque dans ses préoccupations politiques et l'histoire vous y invite avec moi.

Sous la vieille monarchie, il n'y avait guère en France

qu'un homme politique, qui était le roi, et alors aussi
il n'y avait guère en France qu'une femme politique ;
c'était la reine ; encore me suis-je laissé dire que la
mère de saint Louis venait parfois chercher le jeune
roi jusque dans l'appartement de sa femme pour le ramener à ses devoirs politiques, qu'il oubliait un peu
dans le tête-à-tête conjugal.....

Plus tard, les gentilshommes, à leur tour, se piquent
de devenir des hommes politiques ; on épilogue, on
chansonne, on fronde, et les belles dames du temps se
font chefs de partis, comme leurs maris eux-mêmes :
j'ai nommé Mmes de Chevreuse, de Montbazon et la
charmante duchesse de Longueville, l'amie intime du
duc de la Rochefoucauld et de Victor Cousin, ces deux
philosophes, dont l'un eût fait la guerre aux Dieux pour
lui plaire, et dont l'autre professait pour elle, à deux
cents ans de distance, une idolâtrie quelque peu ré-
trospective.

De nos jours, sous notre régime de démocratie, de
suffrage universel, la politique s'est vulgarisée : tous
tant que nous sommes, nous sommes des hommes politiques et il faut bien que nous le soyons, puisqu'en
tant qu'électeurs, membres du souverain, souverains
nous mêmes, nous avons tous notre part de responsa-
bilité dans les destinées nationales. L'indifférence politique ne nous est plus permise ; le législateur d'Athè-
nes, Solon, frappait, je crois, d'une peine sévère (mon
ami Maze me rectifiera, si je me trompe) le mauvais
citoyen qui n'appartenait à aucun parti politique. Vous
n'avez pas oublié la légende du pêcheur à la ligne de
1848, qui entendait au-dessus de lui le bruit de la ba-

taille de février sans en comprendre le motif, et mau-
gréait contre le tapage qui empêchait le poisson de
mordre ; mais il existait alors un cens électoral, et le
pêcheur était dans son droit, s'il n'était pas censitaire ;
en tout cas, il a disparu sans laisser de postérité, et les
pêcheurs à la ligne d'aujourd'hui sont des hommes politiques, tout comme les autres Français.

Reconnaissez donc, Mesdames, que la politique s'impose à vous au nom même du code et par le fait de vos
maris. Oui, Mesdames soyez des femmes politiques.
Vous pouvez l'être, je vous l'affirme, sans rien sacrifier
de votre distinction ni de votre grâce ; rien de cela n'est
incompatible, quoi qu'on vous dise, avec la politique,
j'entends avec cet intérêt que la femme doit prendre
aux questions politiques qui intéressent son mari ; je
veux qu'elle en cause avec lui, qu'elle le questionne
sur les choses du jour, qu'elle soulève parfois une con-
tradiction amicale, parfois aussi qu'elle le console d'un
mécompte, au besoin qu'elle l'encourage et le fortifie ;
je ne lui défends pas, à coup sûr, de traiter d'autres
sujets, mais sur celui-là, qui reviendra souvent, je ne
veux pas qu'elle se dérobe, je n'admets pas que, sous
prétexte d'ignorance ou d'indifférence, elle se renferme
dans une réponse banale ou dans un silence irritant.

Ce ne sont là, d'ailleurs, le plus souvent, que feintes
et ruses féminines. La femme, à dire vrai, n'ignore pas,
la femme n'est pas indifférente ; si elle se tait, c'est
qu'elle blâme, qu'elle condamne. Son silence est une
protestation. Je touche ici un point délicat, mais je
n'hésite pas à l'aborder devant vous, mesdames ; aussi
bien votre présence me le garantit, vous n'êtes pas de

celles à qui ma critique s'adresse, vous qui ne craignez pas de venir affronter ici des sentiments républicains exprimés par des voix républicaines. Il y a là toute une thèse que nous connaissons de longue date : « Les femmes ne doivent pas se mêler de politique. » Eh pourquoi donc ne s'en mêleraient-elles pas, tout au moins dans la mesure modeste que je viens d'indiquer ? N'est-ce pas d'elles-mêmes, de leurs enfants, de leurs familles qu'il s'agit, lorsqu'il s'agit de la France ? N'est-ce pas le présent, n'est-ce pas l'avenir de tout ce qu'elles aiment qui est en jeu dans les choses de la politique ? Ah ! nous la connaissons cette thèse, mais nous savons aussi d'où viennent ces conseils et nous savons où ils tendent. Quand on dit aux femmes : ne faites point de politique, cela ne veut pas dire : ne faites pas de politique, cela veut dire : faites de la politique à rebours !

Et, en effet, quel est le phénomène qui s'est incessamment produit en France depuis la Révolution ? c'est le progrès continu du parti libéral, devenu aujourd'hui le parti républicain, capable aujourd'hui de balancer à lui seul l'effort de toutes les coalitions et d'assurer ainsi la stabilité de la République par l'adhésion de la grande majorité nationale. Ce serait pour désespérer les anciens partis, s'ils ne comptaient sur une dernière ressource, ressource puissante, en effet, s'ils ne se flattaient d'avoir pour eux et contre nous l'alliance, j'allais dire la complicité des femmes.

Dans une certaine mesure cet espoir n'est que trop fondé. La faute, hâtons-nous de le reconnaître, est à nous autres hommes. Nous avons trop pris à la lettre la

2

tradition romaine qui faisait de la ménagère l'idéal de la femme :

Elle vécut chez elle et fila de la laine.

Et nous avons traité l'éducation des femmes avec une négligence dont nous sommes punis aujourd'hui, comme si une éducation sérieuse et libérale n'était pas due à nos filles aussi bien qu'à nos fils, comme s'il n'était pas nécessaire aux uns et aux autres, comme si elle était inconciliable avec l'apprentissage des vertus domestiques dont la femme doit être ornée, comme s'il n'était pas capital de rapprocher dès l'enfance dans des principes communs ceux et celles qui sont destinées plus tard à vivre de la vie commune ! Je connais une mère qui a été mieux avisée que nous à cet egard : femme intelligente et femme d'intérieur, elle donne elle-même la même éducation à tous ses enfants, sans faire aucune distinction entre les garçons et les filles. Nous n'avons pas pris ces précautions salutaires, nous avons légèrement abandonné nos filles aux apologistes des préjugés, aux apôtres des superstitions, et nous en recueillons pour conséquence l'hostilité des femmes aux idées qui forment le fonds commun de notre génération politique, aux problèmes posés par l'esprit de recherche et d'émancipation, si bien qu'après avoir fait le 10 août et le 29 juillet contre la branche aînée, le 24 février contre la branche cadette, le 4 septembre contre la branche parasite, il nous reste encore une victoire à remporter, sur qui ? sur nos femmes.

Toutes les manifestations de nos adversaires, ce sont

elles qui les soutiennent ; ce sont elles qui patronnent les œuvres où la charité n'est que le prétexte de la propagande, elles qui éblouissent de leur dévotion élégante les chapelles irrégulières du clergé régulier, elles qui imposent à leurs gens la pratique des offices comme la condition du contrat. Un de nos collègues nous parlait l'autre jour d'un candidat à je ne sais quel grade universitaire qui avait baptisé son encre avec de l'eau de Lourdes ; j'inclinerais à croire que c'était sa mère qui lui avait donné la fiole.

Et qu'on ne dise pas que cette hostilité est impuissante ! Elle s'exerce par deux sortes d'influences : l'une qui est manifeste et, pour ainsi dire, publique, c'est l'opposition des salons, car le salon, c'est la femme, c'est la séduction du luxe, du monde, du bon goût, de ce qu'on appelle la bonne société; l'autre intime, et plus puissante encore, c'est la séduction du foyer, de la parole affectueuse, de la préoccupation conjugale et maternelle, qui revient sans cesse à la charge, qui ne se lasse jamais, et qui triomphe par la lassitude, quand ce n'est pas par la persuasion.

Ah ! s'écrie Polyeucte,

> Ah ! vous ne savez pas ce que c'est qu'une femme !
> Vous ignorez quel droit elle a sur toute l'âme !

On me dira que Polyeucte est marié de la veille, mais ne serait-il pas plus faible encore, s'il y avait dix ans de ménage ?

Combien il serait plus doux de marcher ensemble unis par les mêmes idées, par les mêmes désirs, par les mêmes aspirations ! Je lisais dernièrement une de ces statistiques bizarres comme il n'appartient guère qu'aux Anglais d'en imaginer ; elle évaluait à 1.737.832 le nombre des ménages de Londres, et savez-vous combien sur ce nombre elle en comptait de relativement heureux ? — 124 ! — et de complétement heureux ? — 6. Je veux croire que l'écart serait moins considérable en France, mais ne croyez-vous pas qu'il serait notablement diminué de ce côté de la Manche, si nos fils et nos filles étaient instruits dès l'enfance à parler le même langage, s'ils n'étaient pas jetés, dès l'âge des impressions premières, aux antipodes de la pensée ?

C'est pourquoi il faut nous mettre sérieusement à l'œuvre. Nous avons trop exclusivement consacré nos soins à l'éducation des hommes ; il faut maintenant songer à celle des femmes. Les projets de réforme ne manquent pas sur cette grosse question, qui est peut-être la vraie question de la démocratie et la vraie question de l'avenir. Il faut créer des écoles normales d'institutrices, créer, comme à Genève, des collèges de filles, créer, pour les filles, à côté de l'enseignement privé, un enseignement de l'Etat. Je vous le dis, Mesdames, nous discuterons tout cela dans la Chambre, nous voterons tout cela, et vous nous encouragerez à le faire, car nous avons tous à cœur d'assurer la paix et l'union dans la société française.

Nous voilà bien loin, ce semble, de Mme la générale Hoche, pas si loin cependant que je ne puisse revenir à elle en terminant cette longue digression. Vous savez l'histoire de son mariage : fille d'un garde-magasin des vivres nommé Dechaux, elle avait attiré, à Thionville, dans une fête publique, les regards du général Hoche tout resplendissant encore de la victotre de Wissembourg. Hoche demanda sa main. Dechaux lui oppose les scrupules les plus naturels : sa fille ne peut être destinée qu'à un lieutenant, tout au plus à un capitaine. — « Bast ! répond Hoche, hier j'étais sergent. » — « Mais ma fille n'a pas de dot. » — « Je ne veux pas une dot, mais une femme. » — « Mais c'est à peine si elle a quinze ans. » — « Je la formerai moi-même. » — « Ma foi, citoyen général, s'écrie Dechaux tout étourdi, vous m'avez traité comme un Autrichien, vous avez pris d'assaut votre beau-père. »

Mme Hoche fut digne du grand citoyen qui l'avait élevée à lui; elle fut mère et citoyenne. Les lettres de Hoche nous donnent à cet égard les plus touchants témoignages ; elle partageait ses idées, elle associait son bonheur personnel à la gloire de son mari. Quand elle le perdit, tout jeune encore, étant elle-même dans tout l'éclat de la jeunesse et de la beauté, elle sentit que nul ne devait prendre auprès d'elle la place à jamais vide. C'est ainsi qu'elle se renferma fièrement dans son deuil de veuve pour ne le quitter qu'à la mort ; c'est ainsi que plusieurs de ceux qui m'écoutent l'ont connue dans sa retraite à Versailles. Senard, qu'elle accueillait dans son intimité, professait pour elle une admiration profonde, et notre illustre Michelet raconte, dans son beau livre sur les héros de la Révolution, qu'ayant été présenté à cette noble femme, il rapporta de cette entrevue le souvenir le plus attendri.

Permettez-moi, mesdames, de me placer, en terminant, sous la protection de cette mémoire vénérée. Mme la générale Hoche a laissé derrière elle un exemple que vous avez recueilli et que vous transmettrez à vos filles, je salue en vous les femmes françaises.

Des applaudissements unanimes ont accueilli la charmante causerie et la magnifique péroraison de l'orateur!

CONFÉRENCE DE M. HIPPOLYTE MAZE

LE GÉNÉRAL HOCHE

Mes chers concitoyens,

Vous me croirez sans peine quand je vous dirai que j'éprouve une sincère et profonde émotion en reprenant la parole dans cette ville de Versailles où j'ai eu autrefois l'honneur d'enseigner l'Histoire pendant sept années et où vous avez bien voulu me rappeler dans une si solennelle circonstance. Parler dans cette ville si pleine des souvenirs de la Révolution, parler d'une des gloires les plus pures de la République, trouver un langage, je ne dirai pas digne de cette grande figure (ce ne serait pas possible), mais à peu près approprié à un tel sujet, c'est une lourde tâche que je n'ai, je tiens à le déclarer ici, ni recherchée, ni désirée; je me suis borné à l'accepter, non sans hésitation, lorsqu'elle m'a été spontanément offerte par votre commission des Fêtes de Hoche avec un empressement et une cordialité dont je resterai à jamais touché ; pour essayer de bien remplir cette tâche, j'ai dû écarter de ma mémoire et je vous demande d'écarter un instant de la vôtre le souvenir des voix éloquentes, autorisées, aimées, chères à cette ville et même à la France que vous aviez choisies depuis onze années pour célébrer la mémoire de Hoche. Ne vous arrêtez point à ma parole qui ne saurait soutenir tant d'écrasantes comparaisons ; ce n'est pas l'orateur que mes amis de Versailles ont vu en moi lorsqu'ils m'ont demandé d'être aujourd'hui leur interprète ; c'est le serviteur modeste mais passionné des deux grandes causes qui nous réunissent ici et qui sont inséparables : celles de la Révolution française et de la République. (Applaudissements.)

Le jour où Paris célébra les funérailles du général Hoche, un peuple immense se porta au Champ-de-Mars, dans cette plaine où déjà s'étaient accomplis tant d'actes solennels de la vie de la France depuis 1789 et qui est restée, selon la belle expression de mon vénéré maître, Michelet, l'autel même de la Révolution ; au milieu de la vaste plaine se dressait une pyramide environnée de drapeaux aux trois couleurs et sur laquelle étaient inscrits les noms des victoires de Hoche ; devant cette pyramide était placé le buste du général ; tout autour se groupaient les membres du Gouvernement, les Ministres, les Chambres, l'Institut, les grands corps de l'Etat, les généraux de la République, les troupes en armes. Le président du Directoire prononça l'éloge de Hoche ; au nom de l'Institut, le savant Daunou parla à son tour ; puis, des jeunes filles et des vieillards entonnèrent successivement les strophes d'un hymne patriotique dont Marie-Joseph Chénier avait composé les paroles et Chérubini la musique ; c'était comme le chœur antique qui reparaissait pour louer une gloire égale aux plus grandes des

l'antiquité. Quand, au milieu d'un recueillement universel, l'éloquence et l'art eurent célébré le héros, cent
mille assistants vinrent, dans un ordre admirable et
spontané, défiler devant son image en jetant à ses
pieds, comme un dernier hommage d'admiration et de
respect, les rameaux verts dont ils avaient dépouillé les
chênes du Champ-de-Mars. (Applaudissements.) Versaillais, vous renouvelez en ce jour cette mémorable
solennité ; depuis onze ans, depuis que la mémoire de
Hoche sortie de son siècle est vraiment entrée dans la
postérité, vous n'avez jamais manqué de lui consacrer
une fête patriotique et républicaine ; vous en avez pris
l'initiative dans des temps difficiles ; pour la célébrer,
vous avez bravé plus d'un gouvernement de combat,
depuis celui du 2 décembre jusqu'à celui du 16 mai et
vous me saurez gré de payer ici notre dette de reconnaissance à ceux qui ont pris l'initiative de ces
fêtes, à ceux surtout qui leur ont en quelque sorte
offert un asile dans leur hospitalière maison, alors
qu'on nous refusait le droit de célébrer au grand jour le
glorieux enfant de Versailles ; vous les connaissez, ces
courageux citoyens et vous les avez placés avec raison
parmi les élus de la cité ; il convient que leurs noms
soient rappelés en ce jour ; je suis heureux de saluer
au passage nos amis Jeandel et Lefebvre. (Applaudissements prolongés.)

Mais pourquoi Versailles met-il tant de persistance
et d'empressement à célébrer la mémoire de Hoche ?
Serait-ce donc, comme le prétendent nos adversaires,
pour se donner le plaisir d'une manifestation plus ou
moins stérile ? Si cela était, mes chers concitoyens, je

ne serais pas ici, je vous l'avoue, et vos conseillers naturels, vos députés, vos sénateurs vous auraient à coup sûr engagés à ne plus vous réunir le 24 juin; nous n'éprouvons aucunement le besoin ni l'envie de faire des manifestations ; nous les laissons à nos adversaires avec le bruit et la violence; nous nous permettons même de dédaigner le tout ensemble, parce que nous sommes vraiment forts, parce que nous avons fondé un gouvernement appuyé sur la volonté du pays régulièrement et librement consulté, parce que la République est la Loi, parce qu'elle est le Droit. (Applaudissements.) Non, Messieurs; le premier devoir d'une nation, c'est d'honorer ceux qui l'ont noblement servie; vous venez ici remplir ce devoir; vous venez saluer dans un des hommes dont la patrie est le plus justement fière, le plus illustre de vos ancêtres; cela est bien; cela est beau ; au nom de la République, au nom de la France, nous vous en remercions, nous vous en félicitons ! (Applaudissements).

Vous perpétuerez à jamais cette pieuse tradition et, si vous voulez bien m'en croire, vous ajouterez même quelque chose à votre œuvre; oui, vous avez une réparation à accomplir et je la signale avec confiance à votre Conseil municipal, à vous tous. Lorsque Versailles eut conçu la pensée d'élever, sur l'une de ses places publiques, une statue au général Hoche, elle demanda une inscription funèbre digne du sujet à un homme qui a été l'une des gloires de l'Université, des Lettres et de la Tribune françaises; j'aime toujours à citer le nom de cet homme en souvenir de son rare talent, en souvenir aussi de la bienveillance qu'il m'a témoignée dans ma première jeunesse; c'était Villemain. Villemain n'a jamais passé, que je sache, pour un ardent républicain, mais c'était un esprit singulièrement élevé, large, libéral; après avoir rappelé en quelques lignes éloquentes les principaux titres de Hoche à la reconnaissance de la postérité, il crut devoir ajouter ces simples mots :

Sa gloire croissante n'eût jamais rien coûté à la liberté de sa patrie.

Ces deux lignes avaient, vous le sentez, Messieurs, une importance capitale; car ce n'était pas seulement au jeune victorieux, ce n'était pas même seulement au pacificateur de la Vendée — si grand cependant — que Versailles entendait rendre hommage; c'était encore et surtout au soldat-citoyen, à l'homme dépourvu, comme l'a dit si bien dit M. Thiers, de « cette audace cou-
» pable qui peut porter un capitaine illustre à ambition-
» ner plus que la qualité de citoyen »; eh bien! ces mots ont disparu; vous savez comment. Ils eurent le malheur de déplaire aux héritiers et aux partisans de celui qui fut pour Hoche un rival de gloire militaire mais non de civisme; Messieurs, s'il y a eu des gouvernements assez peu soucieux du respect dû à vos monuments pour essayer d'en atténuer le caractère et de fausser ainsi la vérité historique, la République doit réparer cette faute ! (Applaudissements prolongés.) Mes chers concitoyens, je vous demande la permission de considérer vos applaudissements comme une adhésion formelle à ma proposition, comme un engagement que vous voudrez tenir; j'espère que nous verrons, avant peu, rétablie dans son entier l'inscription de

Villemain et je me féliciterais d'avoir pu provoquer parmi vous cet acte de justice. (De toutes parts : Oui ! oui ! Applaudissements.)

Je n'ai pas l'intention, Messieurs, de revenir aujourd'hui sur les détails de la vie de Hoche ; cela a été fait plusieurs fois à Versailles de main de maître et encore il y a deux ans, à pareille époque, par mon excellent ami M. Journault, votre sympathique député ; je me bornerai à rappeler quelques traits de cette vie, à vous dire ceux qui m'ont personnellement le plus frappé, ceux qui me paraissent le plus dignes d'être médités pour le bien du pays.

Le premier de ces traits, celui qui saisit tout d'abord l'esprit, l'étonne, le confond, c'est la prodigieuse activité du héros ; pour lui, de la première jeunesse à la tombe, pas une heure, pas un instant de perdus ; encore enfant pour ainsi dire, trop pauvre pour s'instruire (car, en ce temps là, il fallait le plus souvent, être riche pour s'instruire,) il travaille de ses mains, le jour, et gagne l'argent nécessaire pour se procurer les livres qu'il lit la nuit; il s'en va bêcher, arroser chez les jardiniers des environs de Versailles, dans ce quartier de Montreuil où je ne passe jamais sans songer avec émotion à cet homme de peine d'un nouveau genre et à sa tante, la brave fruitière qui l'éleva; un peu plus tard, enrôlé dans les gardes-françaises, en même temps qu'il devient un soldat et un sous-officier modèle, il brode des gilets, des bonnets de police, et, sur ses petites économies, il achète Voltaire, Rousseau, les philosophes du XVIIIe siècle, les précurseurs et les apôtres de la Révolution ; il lit aussi les anciens, les Latins dans le texte, et nos maîtres du xvie, du xviie siècle, Montaigne, Molière qu'il citera plus d'une fois dans sa correspondance. L'on a parfois prétendu que les généraux de la Révolution étaient des hommes sans instruction, sans valeur intellectuelle; c'est là une erreur, une légende mensongère spécialement pour les premiers de nos généraux; ils avaient presque tous l'esprit cultivé, orné; Hoche et Kléber étaient même savants à leur façon; ce qu'il faut dire, c'est que, sortis des derniers rangs du peuple, ils durent faire les plus grands, les plus énergiques efforts pour atteindre un haut degré de culture; ils n'en eurent que plus de mérite et c'est cela que l'histoire doit proclamer! (Applaudissements).

On dit trop aussi que ces grandes illustrations arrivèrent d'un seul bond aux premiers grades de l'armée, aux premiers postes; sait-on combien de temps Hoche resta soldat et sous-officier? Près de sept ans! Engagé en 1785, il était encore adjudant en janvier 1792; plusieurs de ses glorieux émules n'eurent pas, au début, un avancement plus rapide, mais ils eurent tous, que notre génération s'en souvienne, une jeunesse laborieuse, bien remplie, féconde par conséquent et quand les événements les placèrent en pleine lumière, ils se trouvèrent prêts aux rôles les plus difficiles; telle est la vérité! (Applaudissements).

L'heure solennelle a sonné pour la France; la Patrie est en danger; Hoche, bientôt remarqué, devient officier; son activité lui fait confier les missions les plus redoutables; sa nature ardente semblerait le désigner pour l'avant-garde; je le vois partout à l'arrière-garde et partout il se signale, dans la retraite de Grandpré qui

rend possible la victoire immortelle de Valmy ; à Alden-
hoven où il sauve les magasins de l'armée ; à Neerwin-
den où l'ennemi en lui tuant successivement trois chevaux
ne le fait pas reculer d'une ligne et lui arrache ce mot
si spirituel, d'une gaîté toute française : « Décidément,
ces messieurs veulent me faire servir dans la ligne ! »
(Sourires). Au milieu de ces luttes incessantes, il ne
cesse de cultiver son intelligence, sa mémoire, sa lan-
gue ; il a été remarqué par le général Le Veneur qui se
l'attache comme aide de camp ; il devient pour Le
Veneur non seulement un auxiliaire des plus précieux,
mais un élève docile, empressé ; il s'exerce à écrire
sous sa direction ; le brillant officier fait des composi-
tions de style en même temps qu'il se signale devant
l'ennemi ; admirable exemple ! Payons aussi, en pas-
sant, notre dette au maître de Hoche, à Le Veneur ;
c'était un ancien officier royaliste franchement rallié à
la cause de la Révolution ; il avait failli émigrer, puis
était rentré dans le devoir et cassé, comme suspect, il
avait reconquis un à un tous ses grades, en quelques
mois ; c'était un homme instruit, distingué ; plusieurs
de nos généraux républicains eurent ainsi la bonne
fortune de débuter dans les camps sous des chefs d'une
véritable valeur qui avaient appartenu à l'ancienne armée et conservé ses plus nobles traditions, Kléber sous
le colonel Guittard, Hoche sous le général Le Veneur ; l'aide de camp resta toujours profondément re-
connaissant à son chef ; faisons comme lui ! Messieurs,
ne renions rien de ce qui a été bon, de ce qui a été bien
dans le passé de la France ; saluons avec respect ces
officiers de la vieille monarchie qui furent les dignes

maîtres des généraux de la jeune République! (Applaudissements).

Envoyé à Paris après la trahison de Dumouriez, Hoche ne se borne pas à remplir la mission dont il est chargé; il rédige des rapports sur notre situation militaire; il les adresse à Couthon; celui-ci les trouve assez remarquables pour les soumettre au comité de salut public et, après les avoir lus, Carnot s'écrie : « Voilà un officier » subalterne d'un bien grand mérite. »

Dénoncé par des misérables avec son général et jeté en prison, au lieu d'employer son temps à gémir, à récriminer, que fait-il? Il écrit, il donne ses idées sur les moyens de délivrer la patrie envahie :

« Qu'on me mette les fers aux pieds, si l'on veut, s'é- » crie-t-il, mais qu'on me laisse travailler jusqu'à ce que » les ennemis soient hors de France... Quel que soit » mon sort, que la patrie soit sauvée et je demeure » content... »

Mis en liberté, on l'envoie défendre Dunkerque; il sauve la place, mais il a passé six semaines sans se déshabiller; à la fin, il succombe; il est réduit à se mettre au lit pour deux jours ; croyez-vous qu'il va se reposer? Il emploie ces deux jours à mûrir un projet extraordinaire, à préparer une descente en Angleterre et, dès qu'il voit notre frontière Nord en sûreté, il demande qu'on l'envoie ailleurs : « Le repos, écrit-il au comité, le repos est une peine pour moi ! » Ce mot peint l'homme tout entier. De l'action ! encore de l'action !

Le voilà général; commander à vingt-cinq ans l'armée de la Moselle, quelle tâche ! Mais aussi comme celui auquel on l'impose comprend son devoir ! Devant l'ennemi, il apprend la grande guerre en combattant ; dans sa tente, il étudie, il médite les *Commentaires* de César, la *Tactique* et l'*Histoire* de Polybe, les *Mémoires* de Frédéric II dont le meilleur disciple, Brunswick, commande l'armée prussienne : d'abord battu, il prend bientôt une éclatante revanche ; il traverse les Vosges ; il fait une campagne comparable à la plus belle de Turenne ; à Reischoffen, à Freischwiller, à Soultz, noms si tristes pour nous aujourd'hui, il est vainqueur ; les lignes de Wissembourg sont emportées à la baïonnette ; Landau est débloquée ; l'Alsace est sauvée ; en quelques jours, Hoche a vaincu la Prusse et l'Autriche coalisées ! (Applaudissements prolongés).

Au comble de la fortune et du bonheur, car il venait d'épouser une femme adorée, digne de l'être et qui l'aimait aussi, le jeune victorieux, à la suite de graves dissentiments avec Saint-Just, est privé tout à coup de son commandement sur le Rhin, envoyé d'abord loin du théâtre de ses éclatants succès et bientôt arrêté ; suivons-le aux Carmes, à la Conciergerie. On a dit que là il avait employé son temps à faire la cour aux grandes dames, ses compagnes de captivité ; c'est encore une légende à mettre au rang de beaucoup d'autres ! En prison comme à l'armée, Hoche travaille, lit Sénèque et Montaigne, compose de spirituelles et piquantes satires, poursuit même ses études militaires ; c'est dans son cachot, presque privé d'air et de jour, qu'il adopte cette devise si digne d'un soldat : *Res, non verba,* des actes et non des paroles ! (Applaudissements.)

Le 9 thermidor le rend à la liberté ; aussitôt il redemande un poste de combat ; on lui confie la plus terrible mission; on l'envoie terminer la guerre de Vendée, la lutte la plus redoutable du temps, si nous l'en croyons, si nous en croyons aussi Kléber, Marceau, Bonaparte lui-même qui, envoyé dans l'Ouest, y alla, regarda et trouva des prétextes pour revenir aussitôt. (Sourires.) Hoche resta et déploya vraiment un génie universel ; général et administrateur de premier ordre, il se montra, de plus, diplomate et politique consommé ; il se montra surtout humain, généreux même pour ses assassins, comblant de bienfaits les veuves et les orphelins des misérables qui attentaient à sa vie ; jamais il n'oublia que les Vendéens étaient des Français, des frères égarés, déplorant leurs erreurs et même les respectant quand il le pouvait sans faillir à son devoir, sans péril pour la République. Depuis longtemps, l'Histoire a détruit d'odieuses calomnies que les écrivains royalistes sérieux n'ont pas même osé reproduire ; à Quiberon, Hoche fit plus que son devoir ; il voulut sauver Sombreuil et il demanda la grâce des prisonniers royalistes ; on peut dire qu'il mérita trois fois ce beau titre de *Pacificateur* que vous avez consacré, Messieurs, en le faisant graver sur les médailles du centenaire de Hoche ! Tant de travaux, tant de fatigues et de périls auraient épuisé un autre homme même vaillant et fort ; celui-ci ne s'arrête pas un moment ; que dis-je ? Avant d'avoir terminé sa tâche, un mois avant son départ de Vendée, il demande qu'on lui permette d'aller se mesurer avec les Anglais chez eux ; il veut leur rendre en Irlande leur invasion, grande et habile conception ! Hoche ne remet à personne le soin d'en préparer l'exécution ; c'est lui qui organise la flotte et un bon juge, l'amiral Bruix, dit qu'avec un an d'expérience il deviendrait « le meilleur ministre de la marine qu'on pût avoir en France. » Qu'en dites-vous, Messieurs? Est-ce là un génie assez complet? On a trop vanté chez Bonaparte l'universalité des talents et la facilité d'assimilation. Ses émules eurent aussi ces grandes qualités; ils les tenaient de leur temps, de cette belle époque du xviiie siècle, de l'éducation si large et si féconde qu'on puisait alors dans les livres, dans le monde, dans la vie quotidienne si active, si variée !

Grâce aux vents et aux tempêtes, grâce aussi peutêtre à de basses jalousies, l'expédition d'Irlande échoue; Hoche revole à l'armée de Sambre-et-Meuse ; il donne à ses quatre-vingt mille hommes une merveilleuse organisation, envahit l'Empire, occupe en quatre jours trente-cinq lieues du territoire ennemi, triomphe dans trois batailles et cinq combats, menace Vienne ; seuls, les préliminaires de Léoben le forcent à s'arrêter au moment où l'édifice vermoulu de la monarchie autrichienne va crouler sous ses coups terribles et redoublés !

Sans se plaindre de la conclusion intempestive d'une paix signée par Bonaparte sans ordres et en haine d'un collègue dont le triomphe eût été trop complet, Hoche revient de l'Autriche à l'Irlande, de Francfort au Texel ; il va s'embarquer ; Barras l'appelle au secours du Directoire menacé ; il accourt du Texel à Paris ; bientôt il reconnaît que Barras l'a trompé, qu'il n'a point agi au nom du Directoire tout entier ; il retourne à son camp; il veut, par de nouveaux travaux, se montrer digne de commander les deux armées de Sambre-et=

Meuse et du Rhin qu'on vient de réunir sous sa main ;
il songe à combiner une campagne continentale avec
l'expédition d'Irlande ; la mort qui ne nous parut jamais si dure et si terrible touche le héros de son
aile sans pouvoir briser son élan, son essor ; étendu
à Wetzlar, sur ce lit qui doit être hélas ! son lit funèbre,
il supplie son médecin de le guérir et son dernier
mot est celui-ci : « Sauvez-moi, mais que votre re-
mède ne soit pas le repos ! » (Applaudissements.)

Voilà le cri suprême de ce mourant ; agir fut l'unique préoccupation, l'unique ambition de Hoche ! « Le
repos, disait-il, est la rouille du courage » et encore :
» Marchons, marchons, il ne faut pas que la République attende l'an prochain pour être sauvée, » et
puis : « De la vigueur ! de la vigueur ! de la vigueur!
» Parler de repos, c'est désirer la ruine de la Répu-
» blique ! » Ah ! Messieurs, quelle grande leçon ! que
la France contemporaine en fasse son profit ! Agir,
travailler, mettre dans le travail toute son âme, toutes
ses forces, voilà l'enseignement qui est écrit à chaque
page de la vie de votre immortel ancêtre ; imitez-le ! Au
travail donc, à l'exemple du héros ; au travail pour la
Patrie ! La République a fait naître d'immenses espé-
rances ; notre devoir à tous est de les justifier ; il faut
de la prudence sans doute ; il faut encore plus d'énergie ;
c'est le cri du pays ; comme Hoche, il dit au Gouvernement, aux Chambres, à tous ceux qui ont une part quel-
conque des pouvoirs publics, à chacun de nous : « De
» la vigueur ! de la vigueur ! de la vigueur ! Parler de
» repos, c'est désirer la ruine de la République ! »
(Applaudissements prolongés.)

L'activité incroyable, infatigable de Hoche, cette énergie, cette vigueur d'où lui venaient-elles ? A quelles
sources merveilleuses les avait-il puisées ?

D'un seul mot, je vous le dirai, Messieurs : Hoche
croyait ; il avait une foi profonde, invincible aux destinées de la France et de la République ; écoutez-le :
« Avec des baïonnettes et du pain, s'écrie-t-il, nous
pouvons vaincre l'Europe ; » et puis : « Jamais un
général républicain ne doit compter avec la nature » ;
vaincu à Kaiserslautern, il écrit au Comité de salut
public « Ne vous inquiétez pas ; j'ai d'autres moyens ; »
et encore : « Il n'est point d'obstacle invincible ; le
» Français conduit par l'amour de la patrie les surmon-
» tera tous ; » je n'ai jamais pu relire de tels traits sans
en être ému jusqu'au fond de l'âme ; ils donnent la note
du temps ; le vieux conventionnel Baudot, mort il y a
quelques années seulement, disait à Edgard Quinet en
rappelant les dangers qu'il avait courus aux armées
comme délégué du Gouvernement : « On nous trouvait
» téméraires. Eh bien ! nous n'y avions aucun mérite,
» nous savions parfaitement que les boulets ne nous
» pouvaient rien. » Mot profond et sublime de modestie !
Les boulets ne leur pouvaient rien ! Ils avaient la
France à sauver et ils étaient certains de la sauver malgré
tout. Chose inouïe ! Cette certitude, nos ennemis avaient
fini par la partager eux-mêmes ; le prince de Hardenberg
tenait exactement le même langage que Hoche ; il a dit :
« Aucun obstacle, pas même ceux que suscitaient les
événements, n'arrêtait les Français. » Ah ! sans doute,
les lois de la guerre ont changé depuis 1792 ; sans
doute, aujourd'hui, la science doit préparer la victoire.

Mais, croyez-le bien, mes chers concitoyens, la première condition du triomphe pour une nation sera toujours la foi dans les idées qu'elle sert, dans la cause qu'elle défend. Sans cette foi, les succès passagers et partiels sont possibles ; il n'y a pas de succès durables !

La foi de Hoche embrassait, je l'ai dit, non-seulement les destinées de la France mais celles de la République ; ne pouvant contester la grandeur de cet homme, on a essayé de nous le prendre ; on a osé soutenir que Hoche n'était pas républicain : sa vie entière, sa correspondance, ses écrits de tous genres sont là pour attester son invincible attachement à la République. Il disait : « Ma figure peut paraître froide, mais, en fait de li- » berté, mon âme est de feu. » Lors de la trahison de Dumouriez, dans cette grave circonstance qui troubla, on le conçoit, plus d'une tête, voyez-vous ce jeune officier qui, par la parole et par la plume, flétrit la conduite du général et de ses amis ? C'est le capitaine Hoche. Plus tard, quand après sa merveilleuse campagne de 1794 et à la suite de ses dissentiments avec Saint-Just, il est arraché à sa chère armée de Moselle, en quittant ses soldats, de quoi leur parle-t-il ? Des « tyrans coalisés contre notre sainte liberté, » du « service de la » République notre mère commune » et il termine ainsi sa proclamation : « Vive à jamais la République une et » indivisible ! » puis, il se rend sans murmures et sans délais à son nouveau poste. En Vendée, les royalistes veulent l'attirer à eux ; ils mettent en œuvre tous les moyens de séduction ; ils emploient les émissaires les plus habiles, les plus fins, des femmes même ; ils offrent des millions, l'épée de connétable ; Hoche ne répond que par le dédain. Dans le même temps, il donne à sa femme ces conseils aussi pleins de patriotisme que de tact :

« Sois toujours bien républicaine, non pas en par-
» lant politique, mais en ne souffrant pas qu'on avilisse
» chez toi ou en ta présence les *lois constitutionnel-*
» *les* et en pratiquant les vertus. » Nous ne pouvons, aujourd'hui, tenir à nos femmes, à nos filles, un meilleur langage.

Emprisonné par le comité de Salut public, du fond de la Conciergerie Hoche écrit encore à sa chère confidente : « Dis bien à nos amis que, dans le malheur, mon
» amour pour la République ne se dément pas » ; plus
» tard, comme un officier qui avait été son compagnon de captivité lui rappelait ces tristes jours : « Oublions
» cela, mon ami, répondait-il ; craignons que ce souvenir
» ne nous rende injustes pour ceux qui servirent la
» patrie au péril de la vie et qui s'immolèrent pour elle ! » Ainsi parlait, Messieurs, l'homme dont on a voulu faire un royaliste ! (Applaudissements.) S'il commit une faute en sa vie, ce fut son dévouement à la République qui la lui fit commettre ; s'il se laissa compromettre par Barras dans le coup d'État militaire du 18 fructidor, triste présage du 18 brumaire, c'est qu'il vit la réaction menaçante et la contre-révolution préparée par l'Assemblée anti-républicaine que présidait Pichegru ; voilà pourquoi seulement il répondit à l'appel de Barras en offrant son épée, sa bourse, tout ce qu'il possédait au monde, la dot de sa femme, l'unique espoir de sa fille chérie ; ses vues étaient si pures, son désintéressement était si complet, qu'averti par Carnot des menées

de Barras il se hâta de quitter Paris et, peu de temps
avant sa mort, il disait « qu'il était heureux qu'un gé-
» néral en chef n'eût pas été mêlé au coup d'Etat de
» fructidor, qu'une République est bien près de sa ruine
» quand elle est visiblement sous l'égide d'une renom-
» mée militaire trop éclatante, qu'elle veut être *servie*
» et non protégée »; c'était bien le même homme qui
avait écrit naguère en destituant un officier coupable
d'avoir molesté l'autorité civile : « Fils aînés de la Ré-
» volution, nous abhorrons le gouvernement militaire ; il
» est celui des esclaves. » (Applaudissèments prolongés.)

Mais quand nous n'aurions pas ces preuves écla-
tantes et accumulées du républicanisme de Hoche, il
nous en resterait une autre peut-être plus irréfragable
encore ; je veux dire la jalousie et la crainte qu'il ins-
pirait à Bonaparte (Applaudissements.) ; oui, parmi tous
les généraux républicains, deux surtout firent trembler
l'ambitieux capitaine ; en cela, cet homme a vraiment
joué de malheur, car ses deux adversaires furent deux
des plus grandes et des plus pures gloires de la France;
j'ai nommé Hoche et Kléber, le premier qu'il empêcha
de couronner sa campagne de 97 en signant sans ordres
ou plutôt malgré les ordres du Directoire les préliminaires de Léoben qui livraient Venise à l'Autriche, le
second qu'il abandonna sur la terre d'Egypte, dans une
situation désespérée, l'exposant à une capitulation
douloureuse et au poignard de Soleyman, laissant sans
munitions, sans canons, sans vêtements, sans un sou
en caisse et avec onze millions de dettes l'armée qu'il
avait voulu conduire sur la terre africaine, pendant

que lui-même désertait son poste pour venir intriguer à Paris, se frayer un chemin au pouvoir, égorger la République. (Applaudissements prolongés et répétés.)

Hoche aurait mérité que Bonaparte lui fût plus clément, car, moins perspicace que Kléber, il avait été pour son collègue d'Italie plus que généreux; un jour, il avait pris sa défense en termes émus, avait même répondu de lui; plus tard seulement, il vit clair et s'écria : « S'il veut se faire despote, il faudra qu'il me » passe sur le corps ! » Bonaparte dit depuis : « Hoche » se serait rangé ou je l'aurais écrasé »; mais c'était là un de ces mots à effet comme les affectionnait *le maître*, une bravade tardive et trop facile après la mort du héros républicain ! Qui sait si le 18 brumaire eût été possible en face de Hoche et de Kléber adorés des soldats? Mais la mort nous enleva l'un, et Bonaparte eut soin de reléguer l'autre en Orient. Ah! quand je parcours l'histoire de ces temps, je ne m'en laisse pas moins ravir à la pensée que nous aurions pu avoir pour chef de l'Etat, en 1800, un Hoche, un Kléber, un grand homme qui eût été d'abord un honnête homme ; que de tristesses, que de crises morales et matérielles il nous eût épargnées en donnant dès lors à la Révolution son couronnement inévitable, c'est-à-dire en instituant définitivement la République qu'il nous a fallu reconquérir par plus d'un demi-siècle de luttes et de douleurs. (Applaudissements).

Notre victoire nous a coûté cher, Messieurs ; n'en recherchons que plus avidement les exemples, les conseils de ceux qui auraient pu et qui voulaient nous assurer plus tôt cette victoire. Ils furent presqu'en toutes choses des précurseurs et la France vit encore de leurs idées. En voulez-vous un exemple frappant pour ce qui concerne Hoche? Vous avez encore présentes à la mémoire les longues discussions qui eurent lieu à Versailles même pour nous donner la Constitution actuelle. Eh bien ! j'étonnerai peut-être beaucoup de mes contemporains, ici et ailleurs, en leur rappelant que Hoche avait en quelque sorte posé, il y a quatre-vingts ans, les bases de nos lois constitutionnelles ; il disait, en effet, à son chef d'état-major, à son ami Chérin, dans une lettre qu'on peut regarder comme son testament politique : « Voilà » mes idées fondamentales, un président électif et rééli-» gible, deux Chambres, une entièrement élective, l'autre » pour moitié seulement; » c'est exactement, en prin-cipe, la solution de 1875; par malheur, le général se trompait quand il voulait confier l'élection du président au suffrage universel; la France a partagé cette erreur et vous savez combien cela lui a coûté cher ; cela lui a valu le 2 Décembre et le second empire! (Applaudisse-ments.) Notre nouvelle Constitution, au contraire, nous a déjà donné deux présidents; ce n'est pas à nous qu'il peut convenir de louer le premier, mais enfin l'histoire en dira que, malgré les excitations les plus coupables, les plus criminelles, il n'a pas violé la loi, et, quant à l'autre, nous saluons avec bonheur en lui l'incarnation du droit ; nous le vénérons comme un chef vraiment digne de la France républicaine! (Applaudissements.)

Hoche était en politique l'ennemi déclaré des vio-lences; il avait l'horreur de ce dont nous avons tant souffert, de *la candidature officielle*; il réclamait en matière électorale non-seulement l'abstention du Gou-

vernement mais même, par un touchant scrupule, celle
de la presse qu'il voulait libre en toute autre matière,
aux personnalités près ; voici comment il s'exprimait :
« Abstention du Gouvernement et de la presse implici-
» tement et explicitement à l'égard des candidats ;
» j'entends presse écrite et presse parlée. Point de li-
» berté sans cela. Il faut que le candidat soit désigné par
» la considération qui l'entoure, l'estime qu'il inspire. »
Barrère disait de Hoche et bien des biographes ont
répété après lui qu'il avait dans l'esprit une sorte
d'immodération; je n'en trouve guère la trace dans
les idées si prudentes, si sages que je viens de vous
rappeler, Messieurs, ni surtout dans cet autre passage
non moins digne d'être médité par vous à l'heure pré-
sente :

» Il ne faut faciliter les menées ni de *l'aristocratie*,
» ni de la *démagogie*. Ce sont deux minorités qu'il faut
» désarmer et empêcher de faire trop de bruit. *C'est*
» *servir la liberté que la restreindre chez qui la*
» *réclame pour opprimer.* » (Applaudissements).

On discute en ce moment dans la presse et dans les
Chambres des projets de lois qui intéressent au plus
haut point l'avenir de la France et de la République ;
les uns sont relatifs à l'éducation des femmes dont
notre ami Journault vous parlait tout à l'heure en termes excellents, les autres aux droits de l'Etat en
matière d'enseignement. Dès 1795, Hoche avait, pour
ainsi dire, réclamé les uns et les autres ; dans
une lettre adressée à sa femme, il blâmait avec vi-
vacité la façon dont on élevait alors les jeunes Françaises : « En général, l'éducation en France ne

» vaut rien, celle que l'on donne aux femmes sur-
» tout. Nous faisons de nos filles des coquettes
» étourdies ou des Agnès dont la timidité rebute. Les
» Anglais s'y connaissent mieux que nous.... » et il
faisait un charmant portrait des Anglaises de son temps
en les opposant à nos Françaises ; ce n'était pas fort
galant sans doute pour ses concitoyennes (Sourires), et
nous ne savons si Hoche n'exagérait pas un peu le
mérite des aimables filles d'Albion... de ce temps-là... ;
mais, en tous cas, il faut le reconnaître, il avait alors
trop raison contre ses compatriotes du sexe féminin ;
aujourd'hui, n'en doutez pas, il eût été avec ceux qui
demandent de profondes réformes dans l'éducation des
femmes, sous peine de laisser le désaccord et le désordre s'introduire dans nos familles. (Applaudissements.)

Quant aux droits de l'Etat en matière d'enseignement,
M. le Ministre de l'instruction publique qui les revendi-
que, en ce moment même, à la tribune, aurait pu invo-
quer expressément pour défendre son projet de loi
l'autorité de Hoche : cherchant les moyens de pacifier
la Vendée, il ouvrait son cœur à Carnot et en s'excusant
modestement d'émettre des idées personnelles sur de
si graves matières, en invoquant son « patriotisme ardent, son profond amour de l'humanité, » il écrivait
d'Angers, le 10 ventôse an IV :

» J'ai su comment procédaient les ministres du culte
» et quand j'ai vu où ils arrivaient, j'ai compris que
» *ce n'était plus entre leurs mains qu'il fallait lais-*
» *ser l'éducation et l'instruction des familles.* La
» théocratie ne fait que des esclaves ; elle prend l'en-
» fant au berceau ; elle ne lui laisse pas un moment de

» liberté ; elle l'enserre de tous les côtés ; elle lui trace
» son chemin, elle lui fait peur de tout, elle ne l'éclaire
» véritablement sur rien, elle l'entoure de spectres ;
» elle ne le conduit que par des monstres futurs dont
» elle peuple l'avenir, ou par des récompenses qui ne
» sont achetées que par l'absolu abandon de ses facultés
» natives et de sa raison.

» C'est là comment les prêtres ont élevé les hommes
» ou plutôt comme ils en ont fait des espèces de bêtes
» sauvages qn'ils ont muselés ensuite ou bien qu'ils ont
» lancés contre les amis de la droiture naturelle, de
» l'intelligence pure et de la vérité.

» *Il n'est pas possible de supporter aujourd'hui*
» *et de ramener ce régime.* Ces formes qui n'avaient
» produit et soutenu que le despotisme *ne sont plus*
» *supportables sous la République.* Il faut donc, en to-
» lérant les pratiques chrétiennes, enlever au sacer-
» doce l'enseignement des communes et, par là même,
» la direction de tout l'esprit public. » (Applaudissements). Nous sommes à coup sûr, Messieurs, moins
exigeants que ne l'était Hoche et si ce grand homme pouvait reparaître parmi nous il nous trouverait sans doute
timides. Rappelons-nous aussi qu'il demandait la
substitution générale de l'externat au régime de la
caserne imaginé par le moyen âge, développé par les
despotismes de tous les temps, favorisé souvent par la
paresse, l'incurie ou l'impuissance des familles, et enfin
qu'il voulait la gratuité de l'enseignement élémentaire
(Applaudissements.)

Voilà, mes chers concitoyens, comment Hoche entendait, il y a près d'un siècle, les questions qui nous

préoccupent en ce moment ; voilà comment il mérite
d'être considéré non-seulement comme une de nos plus
grandes et plus pures gloires mais comme un hardi
précurseur dans les domaines de la politique et de l'é-
ducation ! Revenons donc sans cesse à lui et à ses
généreux émules ; rapprochons-nous des hommes et
des choses de la Révolution ; retrempons-nous dans les
souvenirs d'un temps qui est encore trop peu et trop
mal connu ; l'on a tant gâté, tant corrompu nos esprits,
nos yeux et nos oreilles avec d'autres souvenirs, avec
les traditions de la Monarchie et de l'Empire ! Nous
avons à remonter un courant dix fois séculaire, à dé-
truire tant de légendes, à remettre en lumière tant de
nobles physionomies, à suivre tant d'exemples et tant
de conseils longtemps dédaignés, oubliés, parfois in-
connus ! Versaillais, des fêtes comme celle que vous
avez noblement instituée et que vous célébrez en ce
jour nous aideront dans cette œuvre sacrée. Puisse votre
exemple être imité sur plus d'un point du territoire de
la République ! Puisse la France s'inspirer chaque jour
davantage de ses grands ancêtres, de ceux qui défen-
dirent, il y a un siècle, avec la Patrie, la cause éternelle
du Droit, de la Raison et de la Justice ! (Applaudissements prolongés et répétés. — M. Hippolyte Maze est
vivement entouré et félicité.)

La grande artiste qui a popularisé quelques-uns des chefs-d'œuvre de Victor Hugo, qui en ce moment même anime de son souffle puissant *Notre-Dame de Paris*, la Marucha de l'*Hetman*, la charmante femme que Victor Hugo appelle' « ma grande et superbe Marie Tudor » avait bien voulu prêter le concours de son merveilleux talent à la matinée de mardi.

Bravant la fatigue et les ennuis du voyage, Mme Marie Laurent est venue à Versailles juste à temps pour applaudir elle-même, en simple spectatrice, M. Hippolyte Maze. A son arrivée, un des commissaires lui a offert un magnifique bouquet orné d'un ruban tricolore sur lequel on lisait en lettres d'or : « 111e anniversaire de la naissance de Hoche. — A Madame Marie Laurent. — 24 juin 1879. » MM. Journault et Albert Joly ont successivement offert leur bras à Mme Marie Laurent, dont l'entrée en scène a été saluée par des applaudissements prolongés. Elle a dit deux des plus admirables pièces des *Châtiments*, *Lux* et *Stella*.

Les rancunes sont effacées,
Tous les cœurs, toutes les pensées

Qu'anime le même dessein
Ne font plus qu'un faisceau superbe ;
Dieu prend, pour lier cette gerbe,
La vieille corde du tocsin.

Au fond des cieux un point scintille :
Regardez : il grandit, il brille,
Il approche, énorme et vermeil.....
O République universelle
Tu n'es encor que l'étincelle,
Demain, tu seras le Soleil !

Il est impossible de dire avec quel charme pénétrant, avec quelle énergie superbe, Mme Marie Laurent a su faire chanter ces beaux vers de *Lux*, comme ces derniers vers sublimes de *Stella :*

J'arrive : levez-vous, Vertu, Courage, Foi,
Penseurs. Esprits ! montez sur la tour, sentinelles !
Paupières, ouvrez-vous ! allumez-vous, prunelles !
Terre, émeus le sillon ! Vie, éveille le bruit !
Debout, vous qui dormez ; car celui qui me suit,
Car celui qui m'envoie en avant la première,
C'est l'ange Liberté, c'est le géant Lumière !

Il serait injuste d'oublier, dans nos remerciements sincères, la musique Fleury, et la Société orphéonique de Versailles. La musique Fleury a joué, avec beaucoup d'ensemble, plusieurs morceaux de son répertoire : elle a terminé, aux applaudissements unanimes de l'assistance, par l'hymne national.

La *Société orphéonique*, dirigée avec beaucoup

de talent et d'énergie par M. F. Delaunay, a chanté avec goût et entrain trois chœurs; elle a terminé par la *Marseillaise*. A la strophe sublime : « Amour sacré de la Patrie, » toute la salle s'est levée dans un mouvement spontané.....

LE BANQUET

Un grand banquet de 250 couverts réunissait le soir un grand nombre de notabilités politiques, les organisateurs de la fête, et nos amis.

La salle du Théâtre des Variétés était décorée avec un goût parfait : sur la scène, un faisceau de drapeaux tricolores encadrait une plaquette représentant le héros de Wissembourg.

Le vénéré président des banquets de Hoche, qui n'a jamais cessé de venir assister à cette fête du souvenir national, M. Feray, avait à sa gauche, à la table d'honneur, M. Paul Gauwain, secrétaire général de la préfecture, en tenue, représentant M. le Préfet, empêché : à sa droite, M. Henri Brisson, vice-président de la Chambre des Députés

Citons parmi les convives de la table d'honneur : MM. Valentin, Honnoré, sénateurs ; Margaine, de Mahy, Gailly, questeurs de la Chambre des Députés; Loustalot, Millaud, Rouvier, Maillé, Carnot, Albert

Joly, Journault, députés, Hippolyte Maze; Barbu, Maréchal, conseillers généraux ; le docteur Bérigny ; Deroisin, de Montfleury, Jeandel, conseillers municipaux ; Ordinaire, rédacteur en chef de la *Petite République française*, Hèvre, P. de Jouvencel, Riffard, inspecteur de l'Université ; Cournuéjouls, proviseur du Lycée.

Dans l'assistance, nous avons remarqué MM. Dehains, conseiller municipal, vice-président de la Commission du banquet, Lefebvre, conseiller municipal, Carjat, l'excellent artiste que tout Paris connaît, George Richard, l'auteur du beau drame de *Hoche*, Dutertre, directeur de l'école d'agriculture de Grignon, Pomairol, rédacteur en chef du *Libéral* Dieudonné, conseiller d'arrondissement et plusieurs autres notabilités du département.

A sept heures précises, aux sons de la musique Fleury, chacun se prépare à un vigoureux coup de fourchette : le bruit des conversations particulières se noie dans le bruit des couverts, une franche gaîté règne d'un bout des tables à l'autre. De temps en temps, la musique Fleury et la Société orphéonique se sont fait entendre et applaudir. Enfin, à huit heures et demie l'heure des toasts était venue, et M. Feray, au milieu d'un grand silence, prononçait l'allocution suivante, chaleureusement accueillie.

DISCOURS DE M. FERAY

SÉNATEUR

Messieurs,

Je porte la santé de M. Jules Grévy, président de la République française.

Le 30 janvier dernier, M. le maréchal de Mac Mahon, président de la République, ayant donné sa démission, le Sénat et la Chambre des députés se réunirent en Assemblée nationale, conformément à la Constitution, pour élire un successeur.

Avant l'ouverture de la séance, les bureaux des gauches du Sénat et ceux de la Chambre des Députés s'assemblèrent dans un des bureaux de la Chambre ; les membres républicains des deux Chambres qui composaient cette réunion n'avaient qu'un but, qu'un mobile, le bonheur de la France, la prospérité de la République.

Tous furent d'avis qu'il fallait décerner la présidence à celui qui en était le plus digne, à celui qui pouvait le mieux remplir ces hautes fonctions pour le bien du pays.

Le nom de Jules Grévy sortit à la fois de toutes les bouches, et, quelques instants après, le choix unanime des bureaux des gauches était ratifié par l'Assemblée nationale qui, à une immense majorité, nommait Jules

Grévy président de la République. (Applaudissements).

M. Grévy, dans ses fonctions de président de l'Assemblée nationale, dans celles de président de la Chambre des Députés, s'était concilié à un si haut degré l'estime et l'affection de ses collègues, que sénateurs et députés coururent à l'envi au salon de la Chambre des députés pour serrer les mains du nouveau président de la République.

C'était une fête de famille où la joie débordait, et, pour que rien ne manquât à cette soirée mémorable, M. le maréchal de Mac Mahon s'honorait lui-même en s'empressant de venir faire visite à son successeur. (Oui ! oui !)

C'est ainsi, Messieurs, que s'opéra cette transmission des pouvoirs, avec un calme, une majesté qui honorèrent le gouvernement républicain, qui firent la gloire de la France et excitèrent l'admiration de l'Europe. (Bravos prolongés).

Aucun de ceux qui ont pris part à ces grands événements n'en perdra le souvenir, et, quant à moi, je regarderai toujours comme le plus grand honneur de ma vie d'avoir été choisi par mes collègues de l'Assemblée nationale pour présider la réunion des bureaux des gauches du Sénat et de la Chambre des Députés.

En nommant M. Jules Grévy président de la République, l'Assemblée n'avait fait que ratifier le choix de la nation.

La France entière était dans la joie, parce qu'elle avait en M. Grévy une confiance qui depuis n'a fait que s'accroître. (Applaudissements.)

Elle savait que le nouveau président, d'un désintéressement et d'une loyauté à toute épreuve, d'une capacité qui n'a d'égale que sa modestie, portant dans son cœur les sentiments les plus élevés, était éminemment qualifié pour remplir la première magistrature de la République.

Elle savait que M. Grévy était l'homme du droit, l'homme du devoir ; que, mûri par les études les plus sérieuses, son jugement éclairé accueillerait tous les progrès compatibles avec l'intérêt général de même qu'il résisterait à toutes les utopies.

Elle savait que les représentants des puissances étrangères avaient la plus haute idée du grand caractère de M. Grévy, qu'ils rendaient justice à sa modération, à sa fermeté, à son amour de la paix, qu'ils avaient une confiance illimitée dans sa parole ; et dans cet accord unanime, la France se réjouissait de voir une grande garantie de la paix.

Enfin, la France savait que M. Grévy, républicain convaincu, plein de dévouement pour nos institutions, n'avait pas d'autre passion que la prospérité de la République et le bonheur de la France.

Confiance donc, messieurs, confiance, patriotisme et sagesse ! C'est par la sagesse unie au patriotisme que nous avons pu panser les blessures si profondes de notre chère patrie, que nous avons pu la relever aux yeux du monde.

C'est par la sagesse unie au patriotisme que, poursuivant notre œuvre régénératrice, nous avancerons la solution de ce grand problème, le perfectionnement moral et l'amélioration du sort matériel des classes laborieuses.

Je suis convaincu que si le Président de la République était parmi nous, il ne désavouerait pas mes paroles.

Messieurs, je porte la santé de M. Jules Grévy, président de la République française.

(Applaudissements prolongés. — Vive la République!)

M. Gauwain, secrétaire général de la Préfecture, remplaçant M. le Préfet qui s'était excusé par lettre en remerciant les organisateurs de leur invitation, et en déléguant son secrétaire-général, se lève alors et, d'une voix sympathique et chaude, prononce l'allocution suivante, accueillie par des applaudissements unanimes.

ALLOCUTION DE M. LE SECRÉTAIRE GÉNÉRAL

Messieurs,

Au nom du Gouvernement de la République, dont j'ai le très grand honneur d'être ici le représentant, je remercie M. Feray du toast qu'il vient de porter à M. le Président Grévy, dont toute la vie si droite, si loyale et si ferme semble n'avoir été qu'une longue préparation aux hautes fonctions qu'il exerce aujourd'hui.

Je remercie également, au nom de M. le Préfet et au mien, les organisateurs de cette fête, d'avoir bien voulu, en y conviant l'Administration, lui permettre de témoigner publiquement, et hautement, des sentiments de respect et d'attachement qui nous unissent à l'égard de cette Constitution républicaine que tous, ici, nous avons ardemment désirée, et que bon nombre d'entre vous, Messieurs, ont eu l'honneur de contribuer à fonder par leur parole, par leur exemple, et par leur vote. (Vifs applaudissements.)

Nous sommes maintenant en pleine possession de l'état politique que nous avons voulu; à nous de le maintenir et de le défendre : vous pouvez compter, Messieurs, qu'en ce qui la concerne, l'Administration de Seine-et-Oise ne faillira pas à cette tâche. (Bravo !) C'est à cette inspiration que j'obéis, Messieurs, en vous proposant à mon tour un toast qui, je pense, ne sera désavoué par personne : je vous propose de boire avec moi au développement et à l'affermissement de nos institutions et à l'union de jour en jour plus grande de tous les Français sous le drapeau de la République, des lois et de la liberté ! (Applaudissements prolongés.)

M. Albert Joly, avant de prendre la parole, lit d'abord la lettre suivante de M. Gambetta accueillie et saluée par des applaudissements enthousiastes :

LETTRE DE M. GAMBETTA

24 juin 1879.

Mon cher ami,

Je n'assisterai pas, cette année, à votre fête républicaine ; mais le sacrifice serait trop dur, si je ne comptais sur votre généreuse assistance pour dire à nos amis que, comme dans les dix années écoulées, ma pensée et mon cœur sont avec eux.

Nous avons invoqué les leçons et les exemples qu'offrait la vie de notre grand général républicain aux heures critiques de nos dernières luttes politiques ; c'est encore sous la protection de sa mémoire, de son patriotisme, de sa fidélité aux droits et aux devoirs démocratiques, que nous devons placer notre meilleure fortune.

Persévérez dans la pratique de ce pieux et fortifiant anniversaire, et vous y trouverez, dans l'avenir comme dans le passé, le développement de l'esprit de concorde, d'activité, de solidarité dans tous les rangs de la population républicaine de cette ville de Versailles où, par deux fois en moins d'un siècle, la liberté française a retrouvé ses titres.

Grâce à cet anniversaire toujours maintenu et célébré, nous nous reverrons longtemps encore, et Paris remonté enfin à son rang de capitale de la France, ne nous fera pas oublier ce que fut pour la République, durant dix ans de tourments, la population profondément républicaine de Versailles.

Versailles, au revoir ! Salut cordial !

L. GAMBETTA.

DISCOURS DE M. ALBERT JOLY

Messieurs,

Vos applaudissements me prouvent que je serai l'interprète de vos sentiments en vous proposant un toast en l'honneur de celui qui pendant dix années a été avec notre vénérable et vénéré président, M. Feray, l'âme de cette fête patriotique. C'est ici que chaque année, sous l'égide du grand général républicain, il venait, dans les bons comme dans les mauvais jours, donner à la France et au parti républicain ces conseils autorisés, auxquels nous devons la victoire définitive de la République.

Après le 24 Mai, après le 16 Mai, alors que les hommes qui nous gouvernaient étaient trop petits pour supporter jusqu'à l'ombre d'un grand homme... (Rires et applaudissements) Gambetta venait avec nous chez nos amis Jeandel et Lefebvre, et là, sous la protection de cette grande image de la Révolution, il prophétisait la victoire. C'est à Versailles qu'il a, pour ainsi dire, marqué les étapes successives de la République.

Il est remplacé aujourd'hui par mon ami Brisson, un des fidèles à ce banquet traditionnel et qui a bien voulu porter le toast au général Hoche. Je m'abstiendrai de

faire son éloge, pour deux raisons : la première, c'est
que M. Brisson est trop mon ami pour que je me permette de dire devant lui tout ce que j'en pense ; la se-
conde, c'est que sa haute situation, comme vice-président de la Chambre, comme président de la commission
du budget, et par-dessus tout son dévouement à la République et à la démocratie me dispensent de vous le
présenter. (Applaudissements.) Vos applaudissements
viennent de lui prouver qu'il était ici au milieu d'amis.

Résumant dans un seul toast les santés que je viens
de porter, je vous propose de boire à la réconciliation
de tous les Français sous le drapeau de la République.
Loin de moi, messieurs, la pensée d'insulter à la douleur ; en matière d'injures, je n'aime pas les représail-
les. (Bravo !) Mais l'événement politique qui vient de
faire disparaître pour jamais, non pas l'empire, il était
mort, mais le parti bonapartiste, cet événement nous
permet de faire un appel sincère à tous ceux que rete-
naient encore, en dehors de la République, des traditions et des souvenirs. Il y aura pendant quelque temps
encore un état-major bonapartiste ; mais cet état-major
sera désormais sans soldats. La mort du prince impérial
vient de lui enlever sa clientèle. Désormais il n'y a plus
en France que deux partis : celui de la Révolution de
1789 et celui de la contre-Révolution, ou plutôt il n'y a
plus qu'une nation, la nation républicaine, et un parti
hostile : le parti clérical. (Oui ! oui !)

Je vous convie à boire à la réconciliation de tous les
Français, sous le drapeau de la République et de la
société civile. (Applaudissements prolongés.)

DISCOURS DE M. HENRI BRISSON

Messieurs,

Votre député, M. Albert Joly, disait bien tout à l'heure, lorsqu'il vous disait qu'il était trop mon ami; il faut, en effet, être un ami doué de quelque imprudence pour évoquer certains souvenirs, lorsque je dois parler, et pour m'avoir chargé du toast le plus solennel de cette fête.

Si j'avais cédé à mon penchant, j'aurais songé à boire d'abord à votre cher président, M. Feray, sénateur de Seine-et-Oise, à l'un des plus loyaux fondateurs de la République (Bravos !), dont la présence entre le représentant de l'autorité et moi, symbolise si bien l'accord entre les deux Chambres, entre les divers groupes de la majorité républicaine et le gouvernement (Très-bien ! — Applaudissements), accord profond qui ne s'altérera point, dis-je, malgré quelques divergences passagères, sur des questions de second ordre. (Applaudissements.) Mais, puisque j'y suis invité, il faut que je m'exécute, et je vous invite moi-même à porter un toast :

A la mémoire du général Hoche et à la Révolution française.

(Vifs applaudissements).

Depuis bientôt dix ans, Messieurs, que vous fêtez l'anniversaire de la naissance d'un des plus grands généraux de notre grande Révolution, des orateurs éminents, des historiens fidèles ont tant de fois, au milieu de vous, retracé la vie du général Hoche, qu'ils ont laissé bien peu de chose à dire après eux; ils ont tour à tour célébré et ses qualités d'homme privé et ses vertus de citoyen, et ses talents de capitaine.

Comment pourrais-je, sans répéter ce qu'ont dit mes prédécesseurs, parler de son dévouement à l'amitié, de son ardeur pour l'étude, de sa passion pour la Révolution et pour la France? Comment peindrais-je tant d'intrépidité unie à tant de sang-froid, tant de sagesse dans le plan, tant de prudence dans les dispositions, tant d'impétuosité dans l'action? N'est-ce pas le général Hoche, d'ailleurs, qui a dit lui-même: « A la guerre, c'est la réflexion qui prépare, c'est la foudre qui doit exécuter? » (Applaudissements.) Comment louerais-je aussi ce sévère attachement à la discipline, unique ressort de la force militaire, sans laquelle le nombre n'est que désordre, qui donne seule la densité aux masses, l'unité à l'action, l'efficacité au courage, qui seule permet de mettre au point cette admirable et redoutable machine inventée par le génie des hommes et qu'on appelle une armée. (Nouveaux applaudissements.) Vous connaissez l'histoire de Hoche, vous savez ce que lui ont valu ses victoires.

Une autre de ses vertus, un autre trait de ce caractère qui vous a su séduire, c'est qu'il était aussi fidèle citoyen que grand soldat. Bien qu'associé vers la fin de sa vie aux projets de répression de la conspiration roya-

liste, il n'a jamais conçu l'armée que comme subordon-
née au pouvoir civil. L'obéissance du général en chef
au gouvernement civil, tel était en quelque sorte pour
lui le couronnement de la discipline. (Applaudisse=
ments.) Bien différent en cela de ces autres généraux
que rien ne saurait satisfaire s'ils ne s'imposent à l'Etat,
s'ils n'asservissent la patrie. (Nouveaux applaudisse=
ments.) L'idée seule de la constitution d'un pouvoir
militaire lui faisait horreur. Heureuse la France si tous
ses hommes de guerre avaient toujours été animés des
mêmes scrupules. (Bravos).

Aujourd'hui, vous ne l'ignorez pas, la France n'a
rien à désirer sous ce rapport; elle possède une armée
fidèle qui ne demande qu'une chose, d'être laissée à sa
noble et spéciale tâche, d'être toujours tenue en dehors
des agitations et des entreprises de la politique. (Ap=
plaudissements.)

Mais, Messieurs, il y a eu d'autres temps, dans l'his=
toire, à la suite des discordes civiles, où certains gouvernements, ne se sentant point appuyés sur un assen=
timent libéral assez large, assez fort, assez incontesté,
souvent même repoussés par la nation, et cherchant
conséquemment d'autres appuis, ont consenti de vérita=
bles et funestes démembrements de la puissance de
l'Etat.

La plupart des monarchies éphémères qui se sont
succédé chez nous dans les derniers temps de notre
histoire ont donné l'exemple de cette coupable faiblesse.
Ne reposant point sur la volonté nationale, les gouver=
nements dont je parle ont dû demander leur force et en
même temps, prêter eux-mêmes, laisser prendre une

force factice et excessive à certaines institutions secondaires qui doivent toujours être tenues sévèrement dans l'obéissance, et qui, ainsi exaltées par la faiblesse du pouvoir envers elles, ont fini par croire qu'elles étaient à la fois toute la nation et tout le gouvernement.

Pour ne parler que du second empire à qui des plébiscites menteurs, arrachés par la fraude et par la violence, semblaient donner pour base le suffrage populaire, eh bien! le second empire, qui paraissait un gouvernement si fort, n'était qu'un gouvernement brutal; en réalité, il était un gouvernement faible. (Applaudissements.)

Comme il était le fruit de l'expédition de Rome à l'intérieur et à l'extérieur, c'est-à-dire le résultat d'une longue conspiration cléricale, continuée par une grande captation militaire, il a laissé tout envahir dans l'Etat par les éléments auxquels il devait son succès (Applaudissements.)

Alors, vous avez vu, messieurs, de simples services publics qui, je le répète, auraient dû être tenus dans l'obéissance la plus sévère, vous les avez vus s'imaginer qu'ils étaient toute la puissance, qu'ils constituaient le véritable gouvernement. L'anarchie s'est mise à ce point dans les esprits, que nous avons entendu il y a peu d'années retentir cette parole incroyable. Le gouvernement de la France, disait-on, c'est le prêtre, le juge et le soldat. (Rires et applaudissements.)

On peut dire que depuis huit ans, la République ne fait que se débattre contre ces conceptions désordonnées. Nous commençons seulement à rallier les forces éparses de l'Etat, et dont la dispersion est due à ces prétendus gouvernements forts ; nous commençons seulement à les rallier sous la loi commune, sous l'obéissance au gouvernement que la France s'est donné. (Applaudissements.)

A l'heure où nous parlons, M. le Ministre de l'instruction publique, aux applaudissements de la France (Bravos), essaie de reprendre une partie de son bien illégitimement aliéné il y a bientôt trente ans. (Applaudissements.)

Les lois présentées par M. le Ministre de l'Instruction publique seront votées, je l'espère, par les deux Chambres ; elles seront le commencement de ce retour au domaine de l'Etat des droits et des possessions qu'on lui a illégitimement enlevées. (Applaudissements.)

Mais, messieurs, à l'ardeur des résistances qu'éprouve M. Ferry, au langage étrange de ses adversaires, ne mesurez-vous pas tout ce que le second empire avait livré du patrimoine national ? (Très-bien !)

Nous assistions, pour ainsi dire à une répétition du fameux apologue intitulé la *Lice et sa compagne.*

Ah ! la chose a duré vingt-cinq ans ! Les petits sont déjà forts et l'ultramontanisme usurpateur s'est si bien arrondi dans le domaine de l'Etat, que le jour où nous voulons rentrer dans notre bien, c'est lui qui crie au vol et à la spoliation ! (Applaudissements prolongés.)

Le gouvernement, messieurs, nous en avons la ferme confiance, le gouvernement composé de républicains fermes et dévoués, qui sont tous nos amis, le gouvernement ne se laissera pas intimider ; la nation le soutient et le porte plus qu'elle n'a jamais soutenu ni porté aucun des pouvoirs qui l'ont précédé. (Applaudissements.)

Il possède une force incomparable ; il exercera, n'en doutez pas, tous les droits, il remplit tous les devoirs que lui confère et que lui impose une telle situation. Que le cabinet, comme il l'annonce, gouverne donc avec ensemble, avec précision, avec suite ! Voilà ce que le pays réclame, ce que tout le monde attend de lui.

Il y a quelques jours un journal des plus modérés disait que l'ère de l'à-peu-près était passée ; et, en effet, toute les causes d'hésitations, d'incertitude, ont disparu ; tous les tâtonnements doivent donc cesser. (Applaudissements.)

La République, messieurs, la République est le couronnement de la Révolution française et ce serait gravement méconnaître l'esprit de cette Révolution que de s'imaginer la servir par l'affaiblissement du pouvoir. Sans doute, cette Révolution a émancipé les citoyens, mais elle a aussi décuplé en même temps, la force de l'unité politique. (Applaudissements.)

Administration, finances, justice, armée; instruction publique, toutes ces forces de l'Etat éparses, opposées souvent, rebelles parfois, toujours incohérentes, elle les a vigoureusement ramenées à un centre commun ! (Triple salve d'applaudissements).

Une liberté immense et en même temps la plus puissante unité, tel est le principe, dit M. Cousin, telle est la fin de la Révolution française.

Notre gouvernement républicain, messieurs, doit être l'expression de cette pensée de nos aïeux. Sa volonté doit pénétrer tous les services publics, y rencontrer partout l'obéissance. Pourquoi donc hésiterait-il, pourquoi craindrions-nous de le voir hésiter ? Les lois Ferry ne sont-elles pas un excellent début, et ne nous suffit-il pas d'encourager le gouvernement à continuer sa marche? Peut-être est-elle embarrassée encore, peut-être dans certaines régions du monde officiel, tout le monde ne témoigne-t-il pas toujours du respect qu'il faudrait pour les pouvoirs établis ? L'on a pu s'affliger récemment de voir qu'il avait fallu, deux fois en trois mois, châtier la révolte des juges salariés par la République, et c'est là peut-être pour le ministère une raison d'aviser.

L'on s'étonne peut-être aussi de ce que la République hésite aussi longtemps à se séparer, à se séparer complétement d'un conseil d'Etat dont presque tous les membres ont été choisis pour lui nuire.

On applaudit aux efforts faits par M. le Ministre de l'Instruction publique pour reprendre une partie du terrain occupé dans l'enseignement par les jésuites, depuis les lois funestes de 1850 et de 1875 ; mais l'on se demande aussi si l'Etat n'a point d'autres mesures encore à prendre, et notamment pour préserver de ce long envahissement du cléricalisme toutes les fonctions publiques. (Applaudissements).

Il y a trente ans, messieurs, en 1850, la puissance publique se laissait porter une bien redoutable et bien fâcheuse atteinte. A cette époque, on a cessé de professer en ce pays, que l'enseignement était un devoir et un droit attaché à l'autorité souveraine, qui pouvait seule le diriger et qui devait le diriger dans un sens conforme à sa propre constitution. L'on s'est mis à traiter de surannée et de tyrannique l'opinion de ceux qui pensaient cette chose si simple : que l'instruction de la jeunesse, préparant les destinées futures de l'Etat, c'était à lui d'y présider dans l'intérêt de sa durée. (Applaudissements. — Très-bien !). Ces conceptions ont été abandonnees Eh bien, soit! Les congréganistes ont pu établir des écoles primaires, des écoles secondaires, des écoles supérieures ; nous sommes devenus si délicats en matière de liberté, qu'il semble que nous manquerions au libéralisme si nous n'autorisions nos adversaires à élever une partie de la jeunesse cultivée dans le mépris des institutions dont nous avons la garde. (Applaudissements).

Soit encore, j'y consens, je le veux, mais, du moins, que l'Etat se défende ! Puisque c'est là le goût du jour, qu'il dise donc aux congréganistes : « Allez et enseignez ! » mais qu'il leur dise aussi : « Je suis résolu à ne plus jouer le rôle de dupe que des gouvernements complices m'ont fait jouer vis-à-vis de vous trop longtemps ; je ne veux plus vous ouvrir le cadre de mes fonctionnaires ; je suis résolu à fermer à vos nourrissons la porte de celles de mes écoles où se recrutent exclusivement certaines fonctions publiques.

« Maître d'établir les conditions des concours, j'y mettrai pour première condition le certificat d'études ou dans mes établissemens ou dans quelques autres que je désignerai. (Applaudissements).

» Vous ferez les élèves que vous voudrez, mais moi, je ne vous emprunterai plus ni un ingénieur, ni un officier, ni un magistrat, ni un administrateur, ni un percepteur, ni un employé, ni un garçon de bureau ; je saurai reconnaître les miens. » (Applaudissements.)

Et qui donc, Messieurs, je le demande, pourrait se plaindre de ce langage?

Est-ce que l'État peut être obligé de recruter ses serviteurs parmi ceux qui sont dressés à miner nos institutions?

Est-ce qu'on peut lui demander de se livrer pieds et poings liés à ses adversaires? Est-ce que, si nous devons le respect, nous devons nos faveurs à nos ennemis ?

Ah! Messieurs, croyez-le bien, le jour où les écoles congréganistes n'apparaîtront plus comme l'antichambre des faveurs officielles, la source de leur recrutement sera bientôt tarie! (Vifs applaudissements.) Et celles de ces écoles qui auront échappé aux lois présentées par M. le ministre de l'Instruction publique, se verront peu à peu désertées. Souhaitons donc de voir ces lois complétées par des mesures qui sont d'ores et déjà dans les pouvoirs administratifs du gouvernement.

Il est d'ailleurs, Messieurs, d'autres mesures qui s'imposent à côté de celle-là : fortifier l'Université, multiplier non-seulement les écoles primaires, — sur lesquelles aujourd'hui notre attention est spécialement portée, — mais encore nos établissements d'enseignement secondaire, améliorer nos lycées et nos collèges, favoriser la création des écoles d'arts et métiers, créer partout l'enseignement primaire supérieur, mettre des ressources scolaires sérieuses à la portee de tous, consacrer, s'il le faut, à ces nécessités de premier ordre une partie des ressources extraordinaires récemment créées pour les travaux publics, voilà ce que nous de-

vons au suffrage universel. Puisque l'Etat a permis à
des forces rivales de s'installer à côté de lui, que du
moins il remplisse toutes ses obligations, qu'il use de
toutes ses ressources, qu'il mette tous ses moyens en
œuvre !

Hésiter sur nos devoirs, le jour où, grâce à la confiance de la nation, nous possédons une force morale
sans précédent, c'est là ce que ni la postérité, ni même
le temps présent, ne nous pardonneraient. (C'est vrai !
— Applaudissements.)

. La fête qui se célèbre en ce jour nous reporte à des
temps héroïques dont nous sommes les héritiers. Il
faut faire honneur à l'héritage. La période d'abstention
est passée, l'heure de l'activité a sonné : il faut que
toutes les forces de l'Etat, disciplinées entre les mains
d'un gouvernement populaire et résolu, concourent,
sous le contrôle, et, j'ose le dire, sous la pression de
l'opinion publique, à ce dessein nettement arrêté : pro-
fiter de la paix et de la tranquillité, pour reprendre et
poursuivre pacifiquement et progressivement l'œuvre
de la Révolution française.

Je bois, Messieurs, à la mémoire du général Hoche
et à la Révolution française. (Applaudissements prolongés.)

VERSAILLES. — IMPRIMERIE CERF ET FILS. 59, RUE DU PLESSIS.